¡Todos hacemos pis!

Justine Avery

Naday Meldova

Las hermanas hacen pis.

Y los hermanos hacen pis.

Incluso los abuelos y las abuelas mayores hacen pis.

Y ellos hacen

mucho pis.

Cada día.

Justo como TODOS nosotros lo haccemos.

Lunes, martes, días escolares y feriados... ¡todos los días del año hasta el final!

Oh, los perros y los gatos tienen que orinar.

Y cada pájaro que ves.

Toda criatura que gatea, se desliza, vuela, nada o se balancea...

también hace pis.

CADA UNO DE NOSOTROS
en este planeta hace pis.

Ellos hacen pis bien alto en los árboles.

Ellos hacen pis debajo de la tierra donde nadie los ve.

Ellos hacen pis bien arriba en el cielo.

Ellos hacen pis en el fondo del mar.

¡Igual... que... TÚ!

Y estoy muy orgulloso de ti.

Para todos los lectores,
jóvenes y mayores,
a los que les guste
una buena risa.
—J.A.

¡Se lo dedico a mi madre
que a menudo me compraba
materiales de arte y siempre
creyó que me convertiría
en una verdadera artista!
—N.M.

Justine Avery es una autora galardonada que ama escribir historias para todo tipo de lectores. Nació en Estados Unidos de América, pero creció, y sigue creciendo, en muchos lugares del mundo gracias a su naturaleza exploradora y a su curiosidad por todas las cosas. Justine ha brincado desde aviones, de puentes muy altos y a aguas infestadas de tiburones, por mencionar algunas de sus aventuras. Entre todas las aventuras, los libros son su aventura favorita.

Naday Meldova es una artista que se graduó de la escuela de arte en Tula, Rusia. Ha estado ilustrando durante años, ¡y este es su trabajo favorito!

Publicado por primera vez 2021 de Suteki Creative

Primera Edición Española

© 2021 Justine Avery
Ilustraciones: Naday Meldova
Todos los derechos reservados.

De acuerdo con la ley internacional de los derechos de autor, esta publicación no puede ser copiada, copiada, duplicada, reproducida, compartida, revendida, distribuida por ningún medio, ya sea electrónico, mecánico, por fotocopia, por grabación u otros métodos, sin el permiso previo y por escrito del autor.

Pero *por favor*… presta este libro con toda libertad. Es *tuyo*—te pertenece. Aí que pásalo, préstalo, cámbialo y recomiéndalo a otros lectores. Los libros son el mejor regalo.

ISBN: 978-1-63882-144-1
ISBN: 978-1-63882-142-7 (ebook)
ISBN: 978-1-63882-145-8 (pasta dura)
ISBN: 978-1-63882-147-2 (audio libro)

Descubre más...
del único, maravilloso y absolutamente imaginativo mundo de los libros para niños de Justine Avery

¡Próximamente más ediciones en español y libros bilingües en español e inglés!

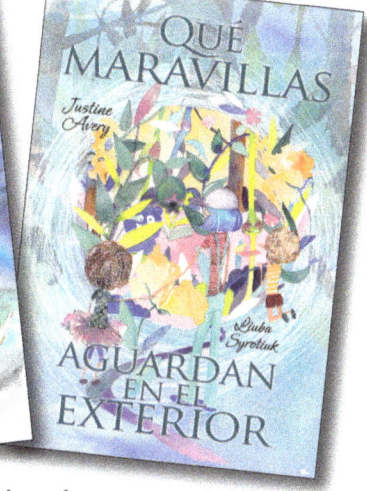

Visita JustineAvery.com y disfruta de regalos divertidos y exclusivos.

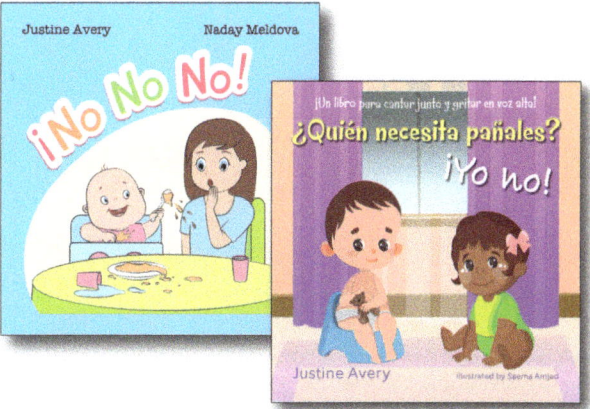

www.ingramcontent.com/pod-product-compliance
Lightning Source LLC
Chambersburg PA
CBHW061117070526
44583CB00027B/3321